Lb $^{41}_{200}$

PÉTITION

DU DÉPARTEMENT

DU VAR

CONVENTION NATIONALE.

Par Jean-Honoré ALZIARY, *Administrateur-Député extra pour les Subsistances*; prononcée à la séance du 25 novembre 1792, l'an premier de la République.

AUX AMIS
DE
LA LIBERTÉ ET DE L'ÉGALITÉ.

Citoyens, freres & amis, je rends hommage à la patrie, en vous présentant ce foible essai sur les subsistances.

Quelques vérités hardies ne portent pas toujours le sentiment instantané de la conviction ; ce mouvement intime a besoin, comme la nature, d'un développement progressif. Si vous daignez l'accueillir, quelque jour, peut-être, l'opinion publique en commandera l'exécution.

PÉTITION

DU DÉPARTEMENT

DU VAR

A LA CONVENTION NATIONALE.

CITOYENS,

L'administration du département du Var, pénétrée des dangers dont le défaut de subsistance nous menace, a député un de ses membres près la convention nationale & le bureau de l'intérieur (1), pour

---

(1) Cette expression républicaine est anticipée, puisqu'il existe encore, provisoirement, *des ministres & un conseil exécutif.*

Notre défunte constitution, dont il ne doit rester

réclamer des secours d'autant plus urgens, que notre pénurie est avérée, & que la

---

que la déclaration des droits de l'homme, & quelques loix réglémentaires, avoit fixé, entr'autres principes incohérens, deux pouvoirs distincts & réciproquement inviolables : ainsi, méconnoissant cette vérité éternelle, que *tout pouvoir, toute autorité est essentiellement dans la loi*, elle permit aux mandataires du peuple de se qualifier en raison de leurs fonctions. Les uns étoient *le pouvoir législatif* ; tel, *le pouvoir exécutif* ; d'autres, *le pouvoir judiciaire* ; bref, trois municipes & six notables formoient, dans la moins nombreuse commune, une *autorité constituée*. Voilà, pour l'intempérante aristocratie, des facultés que les premiers travaux de la république naissante n'ont pu parvenir encore à annuller. L'habitude, le préjugé & la confiance conspirent en faveur des vieilles coutumes & des dénominations, tout au moins équivoques, qu'un nouvel ordre de choses doit bannir sans retour. Laissons aux tyrans leurs conseils & leurs ministres ; & si nous chérissons la liberté, que la république n'ait jamais, pour faire exécuter ses loix, que des sujets d'autant moins redoutables, qu'ils seront plus subordonnés. La responsabilité crainte seule, au sein même de l'abondance, est une véritable calamité.

J'ai vu Roland; je lui ai fidellement exposé nos besoins; mais l'exécuteur passif de la loi n'a pu me promettre qu'un partage proportionnel sur les douze millions récemment décrétés. L'insuffisance & la lenteur de ces mesures me forcent à renoncer aux intermédiaires.

C'est aux délégués du souverain (2) que

---

ne sera point illusoire, quand le glaive de la loi frappera indistinctement tout ordonnateur perfide, infidèle ou négligent.

(2) Les députés de la nation ne sont point des représentans, parce qu'il seroit trop dangereux, pour la liberté publique, qu'une collection partielle d'individus pût jamais représenter, c'est-à-dire, être momentanément le souverain. Ils doivent cependant, & par tacite confiance, en remplir toutes les fonctions, car le peuple leur a dit: « Allez, vous êtes élus entre tous pour gouverner » le timon de l'égalité. Vous n'êtes ni inviolables,

le département du Var vient présenter sa pétition, & quelques idées relatives aux moyens de distribuer les ressources de la république sur les bases de l'égalité, & de suppléer provisoirement aux dispositions que ces établissemens peuvent exiger.

Il falloit un temps de révolution pour accréditer l'idée que la France manque de bleds.

On avoit voulu nous affamer en 1789; on essaye encore ce ressort usé; mais les temps de l'intrigue, du mensonge, & de l'erreur seront bientôt évanouis.

On invoque la liberté du commerce! & moi j'invoquerai la nécessité; j'invoquerai le sang du peuple, qui veut & qui

---

» ni infaillibles, ni sujets, ni monarques, ni
» sénateurs, ni législateurs; mais vous ferez des
» loix selon mes vœux, si vos opinions se taisent
» devant la mienne. Vous ferez exécuter ma sanc-
» tion, & mon estime, sera la mesure de votre
« gloire & votre récompense ».

peut tout ce qui eſt juſte ; j'invoquerai cette même liberté de commerce, bien étrangement définie, bien cruellement interprêtée, & je prouverai peut-être que les notions les plus ſimples ſont ſouvent les meilleures.

Citoyens, la liberté n'eſt, ſans doute, que le droit de faire tout ce qui n'eſt pas nuiſible à la ſociété. Le commerce n'eſt auſſi que la faculté d'échanger le ſuperflu, en faiſant circuler l'abondance, & d'alimenter, le plus poſſible, tous les beſoins factices ou réels.

Ces deux principes bien établis, comment pourroit-on, en les liant enſemble, en produire un réſultat déſaſtreux ? Comment oſe-t-on en conclure, ſous le règne de l'égalité, qu'il faut que le riche ait la liberté de tuer le pauvre ; que le propriétaire peut impunément diſpoſer de la ſubſtance du journalier ; que le commerce monopoleur eſt autoriſé dans ſes infames profits. Au temps des rois, cette doctrine abominable pouvoit être entendue ; aujourd'hui elle fait horreur ! Le pain & l'eau, l'air & le feu, sont les élémens de l'homme, que nulle puissance créée ne peut lui refuser. Le pain est le produit de ma sueur, impitoyable fainéant ; hé, tu pourrois m'en priver !... Non, la république ne veut pas frapper de mort ceux par qui tu existe ; &, pour enchaîner ta malveillance, elle distribuera, dans sa sagesse, les sources nourricières de l'abondance & de la paix publique, qui appartiennent à tous également.

Semblables au bon père, qui met en réserve tout ce qu'exigent les besoins de ses enfans, les hommes de la nation, les pères de la grande famille établiront, dans tous les chefs-lieux de districts, des greniers publics (3), où seront déposés les

---

(3) Un membre du comité d'agriculture, dont les connoissances sont peu communes, m'a dit,

bleds *excédant la consommation* du propriétaire.

Ils surveilleront les encouragemens dûs

---

qu'entr'autres objections sur le systême des greniers publics, se présentoit la crainte de les voir à la disposition d'un gouvernement quelconque, qui pourroit, selon les circonstances, s'en servir à influencer la multitude, & parvenir plus sûrement à sapper le niveau de notre liberté.

Je réponds, 1º. : formez un tout, dont les parties se surveillent, se secondent & se rallient au moindre danger : 2º. que les subsistances soient administrées, dans chaque chef-lieu, par un officier public, investi de la confiance des assemblées primaires : 3º. que le gouvernement ne puisse jamais disposer du superflu, qu'après avoir comblé le vuide des localités indigentes, constaté & fait afficher, dans tous les départemens, six mois à l'avance, la situation effective & générale : 4º. que le prix des grains soit fixé annuellement, & trois mois après la récolte, en raison du plus ou moins d'abondance ; & s'il n'y a, dans l'état, d'autre autorité, d'autre pouvoir, d'autre conseil que *la loi*, on ne pourra rien influencer avec les greniers publics.

à l'agriculture, en lui assurant annuellement une juste indemnité.

Ils décréteront peine de mort pour quiconque, hors de la loi, osera traiter des grains comme d'une marchandise commerciale (4).

---

(4) On affecte de confondre l'intérêt de l'agriculture & celui du commerce ; le marchand de bled avec le laboureur & le propriétaire ; le bénéfice de ceux-ci est le produit net de la vente de leurs denrées, tous frais d'exploitation prélevés ; mais le bénéfice du marchand ne peut être qu'un impôt de la cupidité, qu'un surhaussement de la valeur primitive, qu'un gain illicite, infiniment plus onéreux au commerce même, que le prêt usuraire. Le cultivateur n'est que trop souvent la première victime de l'insatiable avidité du monopole. Qu'on ne répète donc plus que le commerce individuel des grains est utile à l'agriculture : cette absurdité mensongère ne seroit pas reçue chez les peuples libres les moins policés. Autant vaudroit prouver aux habitans de la côte d'Afrique que la traite des nègres est utile à la liberté & à la population de leur contrée.

Ils ne livreront à l'extérieur que le surplus des subsistances; le reste, moyennant un fonds de 250,000,000 liv. (5), sera payé quartier par quartier, & à fur & mesure que les grains seront exploités; quant aux bénéfices qui résulteroient de la vente à l'étranger, ils seront divisés en prime d'encouragemens pour la culture des bleds.

On objectera les difficultés de ce nouveau régime; mais rien n'est impossible, dans l'ordre moral, au souverain vertueux qui veut faire le bien.

---

(5) Mon calcul a subi le sort des exagérations. J'ai estimé l'approvisionnement d'une année, pour vingt-cinq millions d'ames, en raison d'un septier & demi par tête. Le septier est de 240 livres, poids de marc, ce qui donne 360 livres de bled à chaque individu; quotité suffisante, par rapport à la foible consommation des enfans en bas âge & des vieillards. D'ailleurs, pourquoi dédaignerions-nous de faire entrer en compte les différentes productions, telles que le maïs, le sarrasin, &c. &c. Parmentier nous a tracé la route d'une nouvelle industrie.

La somme effrayante de 250,000,000 l. & plus (6), attribuée aux opérations des subsistances, n'est, pour l'état, qu'une avance fictive, qui met à sa disposition des richesses réelles, & purement nationales, qui n'appartiennent, en toute propriété, à aucun membre distinct du corps social, non plus que ces pernicieux métaux frappés au coin monétaire (7).

---

(6) L'économie rurale, que l'on comparera toujours, avec succès, à la meilleure administration des plus vastes états, ne consiste nullement à thésauriser. N'imputez donc qu'à des faux calculs, qu'à des opinions erronées, ces clameurs du vulguaire, l'économie! l'économie!... Toute lésinerie, en fait d'utilité, est une excroissance parasyte, une véritable dissipation.

(7) J'aurai démontré la parité de ces principes, si l'on reconnoît, tôt ou tard, que le prix des grains est le tarif de toutes les marchandises, le numéraire le plus antique & le plus précieux ; qu'il doit, par conséquent, sortir des mains de l'agriculture, aussi pur que l'or du balancier.

Des privilèges exclusifs, des bandes liberticides ont pu, pendant des siècles, entraver l'agriculture & le commerce ; & vous, citoyens, vous n'oseriez pas, vous, en qui la loi réside, parce que la confiance du peuple est là ; vous n'oseriez pas prononcer sur notre existence, sur la véritable égalité ; je dis même, sur l'unique moyen de prospérité universelle.

Ah ! ces droits sacrés (8) que j'atteste, sont trop bien gravés dans vos cœurs ; ils vous inspirent. L'accent de la vérité n'est qu'un trait de lumière pour la vertu.

Qu'il me soit permis, citoyens, d'ajouter à cette foible esquisse un mot sur les dispositions provisoires dictées par nos

---

(8) Déclaration des droits de l'homme & du citoyen, art. XVII. La propriété étant un droit inviolable et sacré, nul ne peut être privé de la sienne, si ce n'est *lorsque la nécessité publique, légalement constatée, l'exige évidemment, & sous la condition d'une juste & préalable indemnité.*

besoins pressans; elles ne peuvent être qu'une extension de votre sagesse, qu'un plus grand développement des mesures que vous avez déjà fait mettre en activité pour attirer en France les grains de l'étranger (9).

Le département du Var, riche en productions sensuelles, est absolument dénué par son infertilité; ses récoltes les plus abondantes suffisent à peine au dixième de sa population. Autrefois on sollicitoit; aujourd'hui le législateur prononce.

---

(9) La république n'atteindra son plus haut période de splendeur qu'à l'époque où des loix simples, provoquant la plus laborieuse industrie, assureront à tous les citoyens une subsistance aisée.

Que le commerce, enfant du génie & de la probité, extirpe l'agiotage, en imprimant plus de confiance aux assignats; qu'il aille au loin, comme un essain bienfaiteur; qu'il crée, qu'il multiplie, qu'il revienne accumuler tous les trésors de la terre; qu'il féconde nos guérets; mais qu'il ne puisse jamais envahir nos moissons.

Nous demandons un prêt de 60,000 charges de bled. Notre crife eft extrême. Environnés de difette & de crainte, de malveillance & d'accaparemens, nous ne pourrons affurer nos triomphes qu'en écrafant les têtes du monftre avec le poids de la prodigalité.

Faites verfer dans nos ports, n'importe à quel prix, l'abondance qui doit appartenir à la terre de la liberté; & que, des bords du Tage aux confins de la Sibérie, les hommes régénérés béniffent vos glorieux travaux.

(*Renvoyé au comité des fubfiftances.*)

De l'Imprimerie de L. POTIER DE LILLE, rue Favart, n°. 5.

www.ingramcontent.com/pod-product-compliance
Lightning Source LLC
Chambersburg PA
CBHW060451050426
42451CB00014B/3258